BIBLIOGRAPHIE
D'ANDRÉA DE NERCIAT

TIRAGE

A CENT-CINQUANTE EXEMPLAIRES

) EXEMPLAIRES IN-18, SUR PAPIER VERGÉ

8   »   »   "   ALBUM JAUNE

50   »   PETIT IN-8, SUR PAPIER DE HOLLANDE

LONDON. — PRINTED BY EDWARD COX, 314, OLD KENT ROAD

ANDREA DE NERCIAT.

BIBLIOGRAPHIE

ANECDOTIQUE ET RAISONNÉE

DE TOUS LES OUVRAGES

D'ANDRÉA DE NERCIAT

PAR

M. DE C***, BIBLIOPHILE ANGLAIS

ÉDITION ORNÉE DU PORTRAIT INÉDIT DE NERCIAT
GRAVÉ D'APRÈS L'ORIGINAL
APPARTENANT A M. B... DE PARIS

LONDRES

JOB-ALEX. HOOGGS, ÉDITEUR-LIBRAIRE

BURLINGTON ARCADE.

Et se trouve à Paris, à Bruxelles et à Stuttgart

1876

D'ANDRÉA DE NERCIAT

—

e chevalier André-Robert, **Andréa de Nerciat**, littérateur français, est né à Dijon, département de la Côte d'Or (France), en 1739. Fils d'un trésorier au Parlement de Bourgogne, il embrassa le métier des armes, après avoir achevé ses études, et il parvint rapidement au grade de lieutenant-colonel. La compagnie des gendarmes dont il faisait partie, ayant été supprimée par suite d'une réforme opérée sous le ministère du comte de Saint-Germain, il se retira avec le rang de son grade et se mit à voyager dans plusieurs contrées de l'Europe. La variété de ses connaissances le mit en état de remplir successivement

différentes charges auprès de quelques princes
d'Allemagne. Ainsi, de 1780 à 1782, il fut conseil-
ler et sous-bibliothécaire à Cassel, puis directeur
des bâtiments au service du prince de Hesse-
Rothembourg. Revenu en France, il fut chargé,
peu de temps après, conjointement avec d'autres
officiers français envoyés par la cour, de soutenir
les insurgés de la Hollande contre le stadhouder.
Il avait obtenu, en 1788, la croix de Saint-Louis.
A l'époque de la Révolution, il émigra à Naples,
d'où sa famille était originaire, et où il gagna les
bonnes grâces de la reine Caroline, qui lui ac-
corda une pension. Cette princesse le chargea
d'une mission secrète à Rome ; c'était au moment
où les armées de la République française s'en
emparaient. Nerciat ne put échapper à la vigi-
lance des autorités révolutionnaires ; il fut arrêté
et jeté dans les cachots du château Saint-Ange.
Sa détention fut longue et se prolongea au-delà
de l'évacuation de Rome par les Français ; enfin
élargi, vers 1800, il s'empressa de retourner à
Naples, où il ne tarda pas à mourir des suites de
sa longue détention, qui lui avait fait perdre en
outre tous ses papiers, parmi lesquels devaient
être les manuscrits de quelques ouvrages.

Tous ses livres ont paru sous le voile de l'anonyme. La plupart des ouvrages qu'il a publiés sont écrits d'une façon très-libre, on peut en juger par l'aveu suivant qu'il fait dans une de ses Préfaces (1) : « L'intention de l'auteur, dit-il, est d'en-« gager les femmes à n'être pas si timides et à « trancher les difficultés ; les maris à ne pas se « scandaliser aisément et à savoir prendre leur « parti ; les jeunes gens à ne point faire ridicule-« ment les céladons, et les ecclésiastiques à aimer « les femmes malgré leur habit, et à s'arranger « avec elles sans se compromettre dans l'esprit « des honnêtes gens. » Nous allons essayer de donner la description bibliographique des ouvrages dont la paternité lui appartient, et de quelques autres qui lui sont généralement attribués. Ajoutons pour finir la partie biographique, qu'il existe des correspondances de plusieurs gens de lettres du XVIIIme siècle, Beaumarchais, Rétif de la Bretonne, le marquis de Pelleport, entr'-autres, avec Andréa de Nerciat. Leur impression avait été annoncée vers 1866 ou 1867, en pays étranger (Belgique), mais des renseignements certains nous ont appris que tout cela était resté à l'état de projet, pour être ensuite définitivement abandonné.

(1) Dans la Préface de *Félicia ou mes fredaines.*

Le Diable au corps, œuvre posthume du très-recommandable docteur Cazzoné, membre extraordinaire de la joyeuse Faculté phallo-coïro-pygo-glottonomique. Sans lieu, 1803, 3 vol. in-8, et 6 vol. in-18, avec 20 figures érotiques.

Cet ouvrage, aussi libre que licencieux, fut, paraîtrait-il, imprimé à Mézières, département des Ardennes (France), en 1803, chez Frémont. Il fut tiré à 500 exempl. in-18 et 500 exempl. petit in-8. La plus grande partie de l'édition fut saisie à son entrée dans Paris. Il n'a donc pas été tiré à petit nombre comme le dit la *Bibliographie* spéciale du comte d'I***. Si cette édition originale était devenue rare, c'est uniquement à cause de cette saisie ; cette rareté motivée avait donné à ce livre un prix très-élevé, et aujourd'hui même, malgré les réimpressions qui ont eu lieu, un exemplaire en bon état de cet ouvrage vaut encore de 250 à 300 francs et même davantage. On doit remarquer, à ce sujet, que dans les exemplaires petit in-8, les gravures doivent être encadrées et avant la lettre. M. Frédéric Henkey, bibliophile établi à Paris, possède, dans son riche cabinet, un exemplaire de choix, accompagné des vingt dessins originaux, qui furent exécutés par un artiste dont le nom est resté inconnu. Ils ne valent guère ceux de Monnet.

Quant au texte original de l'ouvrage, il a été écrit vers 1788, avant le commencement de cette immense effervescence qui produisit ces agitations et ces effrayantes commotions populaires d'où surgit la grande et glorieuse Révolution.

Ce livre curieux est le roman libertin de quantité de personnages ; grandes dames et soubrettes, grands seigneurs et valets, abbés, prêtres, moines, princes de l'église en sont les acteurs les plus actifs ; on trouve même, comme dans *Gamiani*, un âne faisant la partie bien active de ces hautes et puissantes dames, qui donnaient le ton à la société raffinée et pourrie de cette époque (1750-70). Toutes ces scènes à la *diabolini* napolitain, sont entremêlées de dialogues vifs et ardents, dont les expressions libres appartiennent à tout ce que la « haulte gresse » a de plus condimenté. Le *Diable au corps* avec les *Aphrodites* sont bien les plus obscènes et en même temps les plus renommés des ouvrages de Nerciat.

Dans la Préface de son livre, il suppose qu'un certain docteur en phallurgie, nommé Cazzoné (l'étymologie italienne de ce nom est assez significative) lui a laissé en mourant le manuscrit de

« ce fort singulier roman dramatique, qui, s'il n'obtient pas un suffrage universel de la part des amateurs, prouvera du moins que l'imagination de l'écrivain n'avait rien perdu de son feu, ni ses passions de leur vivacité ».

L'auteur se plaint ensuite amèrement, que des imprimeurs français, établis en Allemagne pour y faire la contrebande littéraire, lui aient dérobé une partie du commencement de son travail et l'aient éditée telle quelle en 1785. Il entre à ce sujet dans des détails qu'il est inutile de répéter ici, et finit er déclarant qu'il n'y a rien de commun entre le *Diable au corps* et la supercherie des éditeurs gallo-germains.

Cela dit, le docteur entre en matière et présente ses principaux personnages sur la scène : la marquise, superbe brune, aux grands yeux noirs ; la comtesse, laideron piquante, cheveux d'un blond ardent, nez en l'air, mais..... endiablée ; une soubrette matoise, charmante blonde ; un prélat allemand, petit-maître, homme de cour, au nez de faune ; et cent autres acteurs de tous genres et de toutes positions, qui posent les actes les plus libidineux et parfois les plus horripilants de luxure enragée.

Relativement à la bibliographie de cet ouvrage,

donnons d'abord le titre de celui dont Nerciat
s'est plaint dans sa préface :

« *Les Écarts du tempérament, ou le Caté-
chisme de Figaro;* esquisses dramatiques. Londres, 1785, in-18. »

Ce volume est orné de 4 gravures érotiques
assez mal faites. — Plus tard, on l'a réimprimé
avec quelques changements sous le titre suivant :

« *Les Écarts du libertinage et du tempérament, ou Vie licencieuse de la comtesse de
Motte-en-feu, du vicomte de Molengin, du valet
Pincfort, de la Conbanal, d'un âne et de plusieurs autres personnages.* Nouvelle édition.
A Conculix, chez l'abbé Boujarron, bon bret-
teur, 1793, in-18 de 132 pages; fig. »

Ces deux ouvrages, sauf les quelques changements qui y ont été faits. forment la première
partie seulement du *Diable au corps.* L'ouvrage
entier a neuf parties.

La première réimpression complète a eu lieu
en Allemagne, sans indication de lieu (Stuttgart?)
1842, 6 volumes in-32, de XII-208, 204, 188, 194,
259 et 216 pages, avec tirage nouveau sur les anciennes planches de l'édition originale de 1803.
On la trouve annoncée dans un des catalogues
du libraire allemand Scheible, au prix de 21 flo-

rins (45 fr. 15 c.) Cette réimpression laisse énormément à désirer sous tous les rapports. Ce qui
n'empêcha pas qu'elle fut bientôt épuisée.

Ed 1864, les associés A. Poulet, dit Malassis,
A. Lécrivain et Briard, en firent à Bruxelles
une seconde réimpression, en 3 vol. in-18, tirée
sur papier vergé de mauvaise qualité et de deux
teintes diverses. Les éditeurs, dans un but que
nous ne comprenons guère, remplacèrent les
20 figures de l'édition originale de 1803 par
12 gravures différentes, sauf quelques-unes dont
les dessins sont parfaitement identiques aux premières.

Il paraîtrait (sans que l'on puisse affirmer
la véracité de la chose), que ces 12 figures auraient été gravées d'après 12 dessins attribués à
Monnet et accompagnant un manuscrit appartenant au duc d'Aumale. Ce manuscrit, en 2 vol.
in-4, est daté de 1798; or, si l'on suppose, et
c'est ainsi qu'on le croit, que Nerciat ait achevé
son ouvrage vers 1788, ce manuscrit serait posté-
rieur d'une dizaine d'années à la date de l'achè-
vement du livre. Dans tous les cas, il est con-
forme, à quelques variantes près, à l'édition
originale de 1803. Les dessins offrent, il est vrai,
les costumes et le mobilier de l'époque du Direc-

toire. La raison en est bien simple : Monnet les a exécutés au goût et à la mode du temps où on les lui a demandés.

Cette seconde édition, ornée de ces 12 figures libres (1), s'est épuisée assez rapidement au prix de 60 francs. Les exemplaires tirés sur grand papier de Hollande se sont vendus aux prix de 90 et 120 francs.

Une troisième édition, assez jolie, est également parue en Belgique, vers l'année 1872, sous la rubrique de *Genève*, 1786, en 4 volumes in-18, papier vergé fin, ornés de 32 figures, dont nous parlerons bientôt. Imprimée à cent exemplaires, elle fut rapidement épuisée aux prix de 60, 90 et 120 francs.

Cette dernière édition a donné lieu, presqu'en même temps, à une méchante contrefaçon, imprimée ligne pour ligne et page pour page, que d'après la vue, nous croyons originaire de Hollande ou d'Allemagne. — Elle vit le jour en 1873, et porte la même rubrique que son originale :

(1) Et non 14 figures, comme l'indiquent, par suite d'une erreur typographique, sans doute, *Les Supercheries littéraires dévoilées*, de J. M. Quérard. Paris, Daffis, 1869. T. 1er, col. 665.

Genève, 1786, 4 vol. in-16, tirée à un bon nombre d'exemplaires, sur papier vélin commun. Par son papier et ses figures, elle se distingue très-facilement de l'édition qu'elle a contrefaite.

Cette méchante édition est ornée ou plutôt enlaidie par 36 mauvaises lithographies, dessinées au crayon sur pierre et affreusement coloriées et barbouillées. — Il est vrai qu'on en rencontre des exemplaires auxquels on a épargné cette dernière opération ; ce qui ne les embellit pas davantage. — A chacune d'elles, un placement quelconque se trouve indiqué, par des renvois correspondant aux tomes et aux pages. Malheureusement encore, ces renvois sont indiqués tout-à-fait de travers : des figures du tome premier sont indiquées pour le tome quatrième ; d'autres appartenant au troisième volume sont indiquées pour le second. Il en est de même pour les renvois aux pages ; on n'y trouve aucune correspondance exacte. — Trente-deux de ces images, genre Épinal, sont les véritables caricatures des 32 gravures de l'édition contrefaite, gravures dont nous allons donner l'explication ci-après. — Les quatre autres images — n'oublions pas qu'il y en a 36 — sont la représentation de *diableries*, que l'éditeur a eu l'ingénieuse idée d'ajouter en guise de frontispices aux 4 volumes!!! Ce sont ces frontispices — diableries, exécutés à la détrempe, qui nous portent assez à croire que cette édition de colportage, quoique se vendant en Belgique — aurait été exécutée en Allemagne, car ces quatre méchants frontispices sont tout simplement la copie de quatre photographies faisant partie d'albums du même genre, de fabrication allemande, très-communs dans ce pays et que nous trouvons renseignés dans un des catalogues de la librairie Scheible (en 1872) soit sous le titre de : *Musée priapique du diable*, ou sous celui de : *Charges et décharges diaboliques*.

Nous n'affirmons pourtant rien quant à cette origine germaine; nous n'ignorons pas, en effet, qu'il s'est fabriqué, en Belgique, quantité de réimpressions érotiques, qui ne peuvent guère être considérées que comme de véritables éditions de colportage. Certains libraires belges sont assez connus par leurs livres souvent imprimés sur papier à chandelles ou à peu près, auxquels ils ajoutent des illustrations telles quelles : affreux dessins faits au crayon sur pierre et barbouillés de toutes les couleurs de l'arc-en-ciel, par des artistes à la grosse brosse. Le coloris vaut la lithographie. Et le français? et la correction du texte ?........

Quoiqu'il en soit, nous croyons que le prix de cette édition ainsi fantastiquement imagée, serait quand même de 5o francs l'exemplaire, avec les figures....... coloriées !!!

Voici enfin venir une dernière édition, véritable édition d'amateur et de bibliophile.

Une nouvelle réimpression de ces joyeux dialogues a eu lieu récemment à l'étranger, en Belgique, croyons-nous, sous la rubrique de « *Mézières, chez Frémont, imprimeur-libraire, 18o3-1876.* » Elle est également divisée en 4 vol. pour l'ouvrage de Nerciat, plus un volume complémentaire, contenant la *Bibliographie complète,* anecdotique et raisonnée des œuvres de l'auteur; soit ensemble : cinq volumes dans le format petit in-8, imprimés sur papier vergé de Hollande et ornés de 34 gravures libres, tirées sur papier de Chine.

Ces 34 gravures se composent comme suit : 1º 12 gravures exécutées d'après les dessins de Monnet appartenant au duc d'Aumale; 2º 2o gravures, fac-similé des 2o figures de l'édition originale de 18o3; 3º d'une double épreuve, tirée en rouge et en noir, du portrait inédit de Nerciat, portrait très-rare et gravé d'après l'original à la sanguine, qui fait partie du cabinet particulier de

M. Br... de Paris. — Cette jolie édition est bien la plus correcte, la meilleure et la plus complète, parue jusqu'à ce jour; imprimée au chiffre restreint de 150 exemplaires, elle se vend aux prix de 80 et 120 francs, et comme les précédentes éditions, elle ne tardera point, sans doute, à se trouver aussi complètement épuisée.

Quant à l'œuvre en elle-même, M. Tony-Révillon l'a parfaitement appréciée dans deux de ses ouvrages : *Le Monde des eaux*. Paris, Amyot, 1861, et *Les aventures d'un suicidé*. Paris, Lachaud, 1871 : — « **Le Diable au corps** — dit-il « — est un livre aussi curieux par les impuretés « dont il abonde que par les dévorantes curiosités « qu'il fait naître. La femme qui le lira perdra « l'appétit et le sommeil; ses nuits seront blan- « ches et enfiévrées; elle aura des désirs furieux « et l'angoisse qui accompagne les inassouvisse- « ments....... Elle aura les bras toujours ouverts, « mais ce ne sera pas à son mari....... »

Peut-être Tony-Révillon est-il resté encore en dessous de la réalité....... La vérité est, qu'en fait d'obscénités, c'est un maître-livre.

Condamnations. Par arrêt du 5 décembre 1826, la chambre d'accusation (Paris) ordonna la destruction de cet ouvrage.

Un arrêt de la cour d'assises de la Seine du
9 août 1842, condamne Regnier Becker, commis-
sionnaire en marchandises, pour outrages aux
bonnes mœurs et à la morale publique, à six mois
de prison et 200 francs d'amende, ordonnant en
outre la destruction de l'ouvrage.

Nouvelle condamnation en 1852.

**Les Aphrodites ou Fragments thali-pria-
piques pour servir à l'histoire du plaisir.**
Lampsaque, 1793; 8 parties, petit in-8; une figure
libre à chacune.

Les Aphrodites sont une association libertine
de personnes des deux sexes, association qui n'a
d'autre but que le plaisir. Voici comment s'expri-
mait l'éditeur de la réimpression de Lampsaque,
en 1793, (Bruxelles, 1872) en tête de la préface de
la nouvelle édition qu'il donnait de cette œuvre
remarquable :

« L'ouvrage dont nous avons l'honneur d'offrir
« au public bibliophile une nouvelle édition était
« devenu non-seulement rarissime, mais introu-
« vable. On n'en connaît plus aujourd'hui que
« trois exemplaires de l'édition originale : deux
« en France et un en Angleterre. Trop libre par
« son sujet pour être admis dans les ventes pu-

« bliques, deux d'entre eux ont été cédés dans
« des transactions particulières. L'un, dont
« M. Bégis, syndic de faillites à Paris, est le pos-
« sesseur, a été vendu 450 francs, et encore, une
« figure, la sixième, n'est-elle qu'une reproduc-
« tion de l'originale, par le procédé photographi-
« que de Pilinski.

« Le second exemplaire de cet ouvrage, en
« très-bel état et complet, que possède un riche
« amateur, M. Frédéric Henkey, anglais résidant
« à Paris, est estimé de 1000 à 1200 francs. »

Nous pouvons ajouter à ces renseignements
que le troisième exemplaire qui se trouvait en
Angleterre, fut vendu à Paris, en 1860, pour la
somme importante de 1500 francs.

D'ailleurs, on doit reconnaître que ces dialogues ultra-licencieux, ne manquent pas d'esprit.
M. Charles Monselet, qui a parlé quelque part de
cet ouvrage (1), en a fait la remarque, et a même
appuyé son opinion par la reproduction de quelques passages importants, mais réservés pour
l'expression.

---

(1) *Les Galanteries du XVIIIme siècle.* Paris, 1862,
1 vol. in-12. — Cet ouvrage, éminemment curieux, est
actuellement épuisé.

L'auteur est toujours Andréa de Nerciat dont nous avons donné la biographie. Dans les *Aphrodites*, il a voulu peindre une association qui n'avait d'autre but que le libertinage, le plaisir et la volupté, dans tous leurs raffinements les plus sensuels; c'est de la lubricité, et de la plus luxurieuse.....

Une lettre adressée à M. de Schœnen par le marquis de Chateaugiron, accompagnant l'envoi de l'*Alcibiade fanciullo a scola*, (manuscrit et lettre possédés en dernier lieu par le duc d'Otrante) donne un nouveau détail à ce sujet. Voici ce qu'elle dit : « .... J'y joins les *Aphrodites* « dont je vous ai parlé; cet ouvrage du chevalier « de Nerciat est presqu'inconnu à Paris, ayant « été imprimé à l'étranger pendant la Révolution. « Il est assez remarquable, car il peint, dit-on, au « naturel, une société qui s'était formée à cette « époque, aux environs de Paris, du côté de la « vallée de Montmorency, et dont un certain « marquis de Persan était le président. Cette « association à laquelle chacun des initiés concou- « rait dans une proportion convenue, n'avait « d'autre but que le libertinage. »

Des femmes de la cour, des abbés, des princes, des riches étrangers, des ex-nonnes paradent dans ces tableaux, dans ces dialogues très-spirituellement écrits. Les *Aphrodites* sont, en un mot, un des ouvrages les plus remarquables et les plus importants du genre érotique. C'est un véritable cours théorique et pratique de tous les plaisirs luxurieux que les deux sexes peuvent se procurer, se donner entre eux ; toutes les manières y sont élégamment décrites et mises en action. La démonstration y est complète, et cette société de plaisir y est peinte au naturel.

Les *Aphrodites* sont, sinon un livre d'histoire, du moins un roman historique où les noms des personnages réels sont déguisés. Avant sa réimpression, c'était un livre très-peu connu, car il était presqu'introuvable, et très-peu d'amateurs même l'avaient vu. On ne l'avait jamais vu paraître dans une vente. Nous ne pourrions donner ici d'extrait de cet ouvrage réellement trop libre, nous nous contenterons seulement de mettre sous les yeux des lecteurs quelques détails que nous donne l'auteur dans son *Préambule nécessaire*, détails lardés de satirisme et de mordante ironie.

« L'ordre ou la fraternité des Aphrodites, aussi
« nommés Morosophes, se forma dès la régence
« du fameux Philippe d'Orléans, tout ensemble

« homme d'état et homme de plaisir ; au surplus,
« bien différent de son arrière petit-fils, qui s'est
« aussi fait une réputation dans l'une et l'autre
« carrières. Soit qu'un inviolable secret eût ga-
« ranti constamment les anciens Aphrodites de
« l'animadversion de l'autorité publique (si
« sévère, comme on sait, contre le libertinage
« porté à certains excès) soit que dans le nombre
« de ces fidèles associés, il y en eut plusieurs
« d'assez puissants pour rendre vaine la rigueur
« des lois, qui auraient pu les disperser et les
« punir, jamais, avant la Révolution, leur société
« n'avait souffert d'échec de quelque conséquence ;
« mais ce récent événement a frappé plus des trois
« quarts des frères et des sœurs ; les plus solides
« colonnes de l'Ordre ont été brisées ; le local
« même qui était dans Paris a été abandonné.

« Des débris de l'ancienne institution s'est for-
« mée celle dont ces feuilles donneront une idée.
« On y verra se développer progressivement le
« lubrique système et les capricieuses habitudes
« des Aphrodites, gens fort répréhensibles peut-
« être, mais qui du moins ne sont pas dangereux,
« et qui contents de leur Constitution, ne son-
« gent nullement à constituer l'univers.

« Ci-devant, il n'y avait pas eu d'exemple, qu'un

« seul statut, un seul usage des Aphrodites eût
« été divulgué ; mais quand un nouvel ordre de
« choses existe, quand mille petites récréations
« (criminelles du temps de l'ancien régime) comme
« la calomnie, les délations, les exécutions im-
« promptues, etc., sont sinon encouragées, du
« moins tolérées, qu'ont à craindre de se livrer
« sans beaucoup de mystères aux leurs, des ci-
« toyens infiniment actifs, qui d'accord avec la
« nation, reconnaissent la liberté, l'égalité pour
« bases de leur honneur ; qui, comme elle, mé-
« prisent toute distinction de naissance, de rang
« et de fortune ; qui savent tirer la vraie quintes-
« sence des droits de l'homme, si heureusement
« dévoilés de nos jours, et ne font rien, en un
« mot, qui n'ait pour but la paix, l'union, la con-
« corde, suivies (surtout pour eux) du calme et de
« la tranquillité ?

« C'est au peu d'intérêt qu'ont les Aphrodites
« modernes de cacher ce qui se passe dans leur
« sanctuaire, que nous devons les scènes fidèles
« dont sera composé ce joyeux Recueil. »

Quelques auteurs ont également donné des
détails sur cette singulière société, qui a plusieurs
fois changé de nom et de local, et que l'on ne
doit point considérer comme une fiction. MM. de

Goncourt (dans *La Femme au XVIII*^{me} *siècle*, page 153), disent que les secrets de l'Ordre des Aphrodites n'étaient révélés qu'à un petit nombre d'initiés; l'ordre changeait de local, dispersait souvent la société pour l'épurer, les noms des hommes étaient empruntés au règne minéral et ceux des femmes au règne végétal. — On peut également consulter à ce sujet l'ouvrage d'Arthur Dinaux, publié par le bibliographe Gustave Brunet : « Les Sociétés badines et bachiques. » Paris, *Bachelin-Deflorenne*, 1866, 2 vol. in-8; Tome 1er, page 39.

Cette société était née d'autres sociétés plus anciennes, et notamment de l'*Ordre de la Culotte* et de l'*Ordre de la Félicité*. Ce dernier est très-connu par les écrits qu'il a laissés et qui sont devenus aujourd'hui de la plus grande rareté. Citons-en quelques-uns pour l'agrément des lecteurs :

« *Formulaire du cérémonial en usage dans l'ordre de la Félicité. S. L. 1745. — L'Antropophile, ou le Secret et les mystères de la Félicité, dévoilés pour le bonheur de tout l'univers. Arctopolis, 1746. — L'Ile de la Félicité. A Babiole, 1746. — L'Ordre hermaphrodite, ou les secr ts de la sublime Félicité; 1748. — Moyen de mon-*

ter au plus haut grade de la marine sans se mouiller. S. D. — *Dictionnaire de l'Ordre de la Félicité,* etc., etc.

D'autres sociétés du même genre étaient contemporaines de celle des Aphrodites. Nous citerons notamment le *Club d'Adam* qui existait à Moscou et dont les réunions renouvelaient les orgies de la cour du Régent. Masson en parle dans ses *Mémoires secrets sur la Russie.* Paris, 1800. En 1792, les affiliés des deux sexes furent dispersés et soumis — dit-on — à des châtiments corporels, par ordre de l'impératrice Catherine, qui, ce jour-là, se piqua de sévérité. Dans la même ville se trouvait aussi le *Club physique,* où la Cybèle du Nord célébrait ses mystères secrets ! On peut aussi consulter à ce sujet l'ouvrage intitulé : « La Messaline du Nord, par une dame de qualité. » Genève, 1834, in-12. — L'ouvrage de Masson a été réimprimé dans la collection des *Mémoires* publiés par Barrière, mais il va sans dire que les passages dangereux ou trop curieux ont été supprimés.

L'édition originale des *Aphrodites* (Lampsaque, 1793,) est divisée en huit parties, petit in-8, de 80 à 88 pages chacune. Ces huit parties formaient deux ou quatre volumes ; pourtant quelques passages du livre démontrent qu'elles ne faisaient que deux volumes. L'ouvrage est d'une impression soignée, bien que ne paraissant pas avoir été imprimé en France ; un sujet finement gravé orne chacune de ses parties. M. Cohen, dans son « Guide ». Paris, Rouquette, 1873, attribue à Freudenberg ces huit jolies gravures obscènes.

Quelles qualités, au point de vue de l'esprit et du style, possède cet Andréa de Nerciat ! Comme il a su les déployer dans son livre ! Il a surtout une science et une aisance de dialogue on ne peut plus remarquable et qui ne se sont jamais manifestées plus abondamment que dans les *Aphrodites*. Il jargonne comme les petits-maîtres de Marivaux. Son babil amuse et atteste un écrivain de race. Et quelle minutie charmante dans ses portraits ! Mais, en outre, quelle plume acérée ! L'auteur ne perd jamais l'occasion de donner un coup de griffe aux événements et aux hommes de la Révolution.

Les Aphrodites ont été réimprimés deux fois en 1864. La première fois par le sieur Jules Gay (Bruxelles, Mertens) sous la rubrique de « *Bâle, Steuben frères*, » 1864, 2 vol. petit in-12. Outre que c'est bien la plus vilaine de toutes les réimpressions, elle était veuve de toute gravure, que l'éditeur avait jugé à propos de remplacer par de très-mauvaises photographies : ce qui n'a pas empêché que ce livre, tiré à 200 exemplaires seulement, ne fût mis en vente, au prix élevé — *sans aucune figure* — de 36 et 54 francs l'exemplaire. (1)

(1) Il est à remarquer que dans la *Bibliographie galante*, Turin, 6 vol. in-12, par le prétendu comte d'I***, qui n'est autre que le sieur Jules Gay, auteur et éditeur de cette détestable compilation d'erreurs et d'inexactitudes bibliographiques, — cette édition des *Aphrodites*, Bâle, 1864, — *Steaben frères*, 2 vol.. dont le même Jules Gay fut l'éditeur, est vantée outre mesure et sans vergogne, comme étant « la plus belle et la plus correcte. » On ne peut guère, il est vrai, mépriser son propre travail, mais on doit avoir, au moins, la pudeur de la prudence et ne pas considérer ses lecteurs tout-à-fait comme des idiots ou des imbéciles. Plus de bonne foi et moins de charlatanisme, feraient beaucoup mieux l'affaire des bibliophiles. — La vérité *vraie* la voici.

Cette édition est tellement mauvaise, tellement incorrecte sous tous les rapports, qu'à la suite de nombreux reproches reçus de quantité d'amateurs à ce sujet, Jules Gay fut obligé de la jeter en quelque sorte au papier. A cet effet, il vendit les 80 à 90 exem-

La seconde réimpression eut pour éditeurs, Auguste Poulet, dit Malassis. Alphonse Lécrivain, libraires parisiens, réfugiés à Bruxelles, associés avec l'imprimeur J. Briard. — Cette édition forme 4 vol. in-18, très-minces ; elle est jolie et elle a sur celle de Jules Gay l'avantage d'avoir un frontispice de Félicien Rops, et d'être ornée des 8 gravures copiées sur celles de l'édition originale. Elle fut tirée—dit-on—à 150 exemplaires, au prix de 40 francs l'exemplaire. — Inutile d'ajouter qu'elle fut également imprimée à Bruxelles. Nous avons dit que l'imprimeur était J. Briard, qui s'était associé avec les sieurs

plaires qui lui restaient sur 200, au sieur Jean-Pierre-Blanche, son compatriote parisien, réfugié à Bruxelles, où il avait établi une petite librairie d'occasion, en chambre, rue Saint-Jean. Cette vente fut effectuée au prix de quatre-vingts centimes l'exemplaires ; Jules Gay, ayant préalablement enlevé les titres et la préface de l'ouvrage. Il va sans dire que J. P. Blanche, l'acquéreur, s'empressa de faire réimprimer une préface quelconque et les titres enlevés, et qu'ainsi, il parvint peu à peu, à écouler entièrement les exemplaires en sa possession. Nous tenons ces renseignements certains, d'un libraire qui fut témoin oculaire de cette affaire.

Poulet et Lécrivain pour l'exploitation des productions érotiques et politiques, sévèrement prohibées en France.

Une troisième réimpression, sous la rubrique de « Lampsaque, 1793, » eut lieu vers 1872. — C'est bien la plus belle et la plus correcte ; elle fut aussi tirée à 50 exemplaires sur papier vergé, dont vingt exemplaires de choix, sur grand papier impérial de Hollande. Elle est divisée en deux forts volumes in-18, de 360 et 376 pages : imprimée sur caractères elzéviriens, avec lettres ornées, et précédée d'une excellente *Notice historico-bibliographique*. Les 8 gravures sont également les fac-simile exacts des anciennes ; on y a ajouté deux charmants frontispices dus à Félicien Rops, qui a su leur donner toute la verve des compositions de Freudenberg et reproduire avec la fidélité la plus scrupuleuse, les costumes de l'époque à laquelle ce livre fut imprimé pour la première fois. — Le prix de cette jolie édition, avec les dix gravures, fût également fixé à 40 francs.

Les *Aphrodites* sont analysés dans les *Galanteries du XVIIIme siècle*, de M. Ch. Monselet.

Condamnations. Par jugement du tribunal correctionnel de la Seine, en date du 2 juin 1865,

le sieur Jules Gay (1), libraire-éditeur, fut condamné à quatre mois d'emprisonnement et
500 francs d'amende. — Le jugement ordonne
en même temps la destruction des exemplaires
saisis.

(1) Le sieur Jules Gay est bien l'éditeur le plus no-
made qui ait jamais peut-être existé. A la suite de
quelques condamnations correctionnelles, il quitta
Paris pour se réfugier en Belgique. Vers l'année 1865,
il vint se fixer à Bruxelles. Là, ayant eu maille à partir avec son imprimeur, M. Mertens, père, il quitta
clandestinement cette ville. On le vit alors transpor-
ter successivement ses pénates vagabondes à Genève
(1868), à Turin (1870), à Nice (1872), à San Rémo
(1873) et enfin de rechef à Bruxelles dans le courant
de l'année 1875. C'est sans doute à cause de ces mi-
grations continuelles qu'il lui vint à l'esprit l'idée
ingénieuse d'annoncer par une circulaire adressée
« aux amis des livres » à la date du 25 août 1871, la
formation d'une soi-disant « *Société des bibliophiles
cosmopolites,* » société composée exclusivement de
Jules Gay père et de Jean Gay fils. — A la suite de
la..... liquidation de cette société peu sérieuse, le
1er janvier 1875, Jean Gay fils, fut établir à Turin une
petite librairie française d'occasion, tandis que Jules
Gay père, allait de nouveau fouler l'asphalte à Bruxelles, — sept ans après avoir quitté cette ville. — Bien

La réimpression de Poulet dit Malassis, Lécrivain et Briard, fut également l'objet d'une
sévère condamnation prononcée par le tribunal
correctionnel de Lille, le 6 mai 1868, insérée au
Moniteur le 19 septembre de la même année,
condamnation dans laquelle furent impliquées
et frappées plusieurs personnes, entr'autres les
suivantes :

Auguste Poulet dit Malassis et Alphonse Lécrivain (1) furent condamnés chacun à un an de

qu'il eut le chagrin!...... de n'y plus retrouver
M. Mertens, passé de vie à trépas, nul doute que
l'infatigable éditeur, ne se mit vivement en quête
d'autres imprimeurs bénévoles ou de débonnaires
bibliophiles-commanditaires, désireux, conformé-
ment à sa circulaire, de « sauver d'un oubli immérité
« et d'une destruction imminente, les plus hardis
« monuments de l'esprit humain, que les fanatiques
« de toutes les époques ont indigne nent appelé
« les *livres défendus!!!* »—Il paraîtrait qu'un sieur
A. B''', libraire à Paris, aurait répondu à son appel ;
on nous affirme qu'une association occulte existerait
entre lui et Jules Gay. — Grand bien lui fasse ! C'est
le bonheur que nous lui souhaitons.

(1) M. Poulet, dit Malassis, actuellement homme de
lettres, a résidé assez longtemps en Belgique, où il
épousa une jeune femme de chambre alsacienne ; il

prison et 1000 francs d'amende; Jean-Pierre Blanche, alors libraire à Bruxelles (1), à six mois de prison et 500 francs d'amende; Ch. Sacré, marchand de journaux, qui faisait introduire en

est rentré à Paris, à la suite de l'amnistie du 15 août 1869. M. Poulet est un excellent travailleur.

Quant au sieur Alphonse Lécrivain, ancien commis-libraire à Paris, trop bien connu sur cette place (où, malheureusement, il fut associé avec l'honorable M. Toubon, ancien libraire), il s'était aussi réfugié en Belgique par suite d'affaires qui n'étaient rien moins que politiques. Il a seulement quitté, en 1875, la Belgique, où il avait épousé une grisette flamande, couturière de son état, pour aller abriter sa personne dans un petit village ignoré du midi de la France. C'est d'ailleurs un libraire ignorant qui n'était qu'une machine dans l'association Poulet et Briard, dans laquelle il était entré avec un apport de six à sept mille francs. Cette somme était le produit de la vente qu'il avait faite en Belgique, d'une partie des livres de fonds, provenant de la librairie qu'il tenait en association avec M. Toubon; livres qu'il avait eu la précaution d'expédier à Bruxelles, lors de sa fuite de Paris, quelque temps avant la déclaration de faillite de ladite société Lécrivain et Toubon.

(1) Mort à Bruxelles, en novembre 1875, atteint d'aliénation mentale, ou du moins retombé en enfance.

France par sa femme, exerçant la contrebande, des ouvrages érotiques et politiques, à un an de prison et 2000 francs d'amende ; enfin, Jeannette Duquesne, femme Ch. Sacré, qui faisait l'introduction en France au moyen de jupons à poches, à un an de prison et 2000 fr. d'amende

Ensuite, par jugement du tribunal correctionnel de la Seine, en date du 25 juin 1869, en cause de Dermillat et Jules Gay, une nouvelle condamnation ordonna la destruction de ce même terrible ouvrage.

Félicia ou mes Fredaines, par l'auteur du *Diable au corps.*

Cet ouvrage est bien la plus charmante production du siècle dernier ; aussi a-t-il été réimprimé très-souvent et dans presque tous les formats. C'est pourquoi, pour se retrouver, doit-on mettre un peu d'ordre dans la longue nomenclature de ses nombreuses éditions. On les divisera donc en 4 classes.

1º *Editions Cazin.*

La classe la plus ancienne est celle des volumes connus sous la dénomination de Cazins. Ces éditions n'avaient dans l'origine que 12 figures non-libres, de sorte qu'elles se vendaient à peu près ouvertement. Les réimpressions suivantes avaient 24 figures, dont onze étaient libres. Nous avons les éditions successives : *Londres*, 1775, 1776, 1778, 1784 et une sans date, 4 vol. petit in-18.

Lorsque la collection des 24 figures d'après Eisen est complète et en belles épreuves, l'ouvrage vaut aujourd'hui au moins 100 francs.

2° *Éditions d'Amsterdam*. (PARIS.)

Les éditions sous cette rubrique sont les suivantes : 1780, 1781, sans date, 1785, 1786 et 1793, en 2 vol. petit in-12, sans figures. L'édition de 1793 est surtout très-jolie. Dans ces éditions on trouve au verso du titre du tome II les vers suivants :

> Voici, mon très-cher ouvrage,
> Tout ce qui t'arrivera :
> Tu ne vaux rien, c'est dommage !
> N'importe, on t'achètera.
> Jusqu'au bout avec courage,
> La plus catin te lira :
> Et ainsi que c'est l'usage,
> Au feu te condamnera ;
> Mais la plus sage en rira.

3° *Éditions de Paris.*

Nous avons seulement deux éditions sous ce nom de ville, savoir : An III (1795) et 1798; 4 vol. in-18 avec 24 figures d'après Eisen.

4° *Éditions de Londres.*

Les éditions sous la rubrique de Londres ont été réellement faites en Belgique; à Bruxelles, sans doute. On trouve 1812, 1834, 1869, 4 vol. in-18, avec 24 gravures d'après Eisen. L'édition de Londres 1834 a ses 4 volumes de 162, 179, 198 et 179 pages.

Cet ouvrage porte sur le titre cette épigraphe :

« La faute en est aux dieux, qui me firent si folle »

On doit remarquer qu'il y a deux sortes d'éditions faites à Bruxelles, en 1869 : l'une, ayant 4 parties brochées en 2 vol. in-18, n'a que 13 figures, et se vendait 40 francs. Elle fut éditée par les sieurs Alphonse Lécrivain et J. Briard, associés; Auguste Poulet s'étant retiré depuis quelque temps de l'association. L'autre édition est en 4 volumes in-18, avec les 24 figures d'après Eisen, au complet, et se vendait 50 à 60 francs. Elle est très-jolie : nous ignorons le nom de son éditeur; mais elle est parfaitement exécutée sous tous les rapports de la correction et des gravures.

Ce roman est loin d'être aussi libre que les *Aphrodites*; quel que soit le ton folâtre qui règne dans la plupart de ses tableaux, le sentiment et la philosophie n'en sont pas exclus. C'est du libertinage de bonne compagnie. Le personnage de Félicia n'était pas imaginaire, mais c'est véritablement le portrait d'une amie de Nerciat. Dans le roman de *Monrose* qui fait suite à celui de Félicia, cette héroïne a l'honneur d'être élue la principale dignitaire de la société ultra-galante des Aphrodites, dont, comme on le sait, Nerciat est également l'historien. M. Ch. Monselet a parfaitement apprécié cet ouvrage dans ses *Galanteries du XVIII*^{me} *siècle*; on pourra, sur ce sujet, le consulter avec fruit.

Une traduction allemande existe de ce roman, dans les *Priapeischen Romane*. Berlin, 1791, in-8.

Condamnations. Félicia a obtenu plusieurs condamnations : 1° Destruction ordonnée par arrêt du 31 décembre 1822, de la cour royale de Paris, pour outrages aux bonnes mœurs, inséré au *Moniteur* le 26 mars 1825. 2° Arrêt de la cour d'assises de la Seine du 9 août 1842, inséré au

Moniteur le 15 décembre 1843. 3° Jugement du tribunal correctionnel d'Amiens, du 30 mai 1871.

Monrose ou le Libertin par fatalité, *suite de Félicia*. Sans lieu (Paris, Cazin?) 1792, 4 volumes in-18 — et aussi 4 volumes in-8. — Réimprimé également en 4 vol. in-18, en 1795 et en 2 vol. in-18, en 1797.

Ce livre se rencontre ordinairement sans figure. L'édition de 1797, la plus recherchée à cause des gravures, est déplorable comme texte; elle fourmille de fautes et, plus d'une fois, des lignes entières ont été oubliées. Mais elle est ornée de 20 jolies gravures libres qu'Henry Cohen attribue à Quéverdo. Cette édition est très-rare.

L'édition de 1795, en 4 volumes in-18, sur mauvais papier, est également très-défectueuse sous le rapport de la correction du texte.

Un catalogue de la librairie Scheible (1) en 1860,

____

(1) M. J. Scheible est un éditeur allemand très-érudit, propriétaire à Stuttgart, dans le Wurtemberg, d'une importante librairie ancienne et moderne. C'est un homme des plus honorables au point de vue de la loyauté et de la plus stricte probité dans les affaires.

annonce un exemplaire tel quel, de l'édition de 1792, pour le prix de 7 fl. 12 kr. (fr. 15-50.)

Bien que ce roman soit généralement attribué à Nerciat, à cause surtout qu'il forme une suite à *Félicia* de cet auteur, un savant allemand, nommé Wolff, dans son ouvrage écrit dans sa langue, *Histoire du roman*, émet des doutes sur l'exactitude de cette attribution. Il fonde cette incertitude sur la différence profonde qu'il a remarquée dans le style et la composition de cet ouvrage comparé à *Félicia*.

Quoiqu'il en soit, bien qu'un peu plus long que *Félicia*, malgré que Félicia, qui a la parole, dise en commençant :

« Pour avoir trop à dire..... je me tais. »

et raconte l'histoire de ce qui est arrivé à Monrose depuis dix ans, l'ouvrage est très-amusant à lire. Il est vrai que la fanfaronnade n'est pas du tout le genre de Monrose, et que c'est un rude champion dans les combats de Vénus!...

Ce livre porte pour épigraphe le vers suivant :

« Mars, ô Vénus ! te devait ses loisirs. »

On y trouve de nouveaux personnages ajoutés à ceux de *Félicia*, qui recommencent une série d'orgies, pourvues du même genre d'attraits que les précédentes. Comme dans *Félicia*, le roman est tout en épisodes et fait mouvoir une multitude de personnages ; dans l'un comme dans l'autre ouvrage, le drame intervient parfois brusquement, et finit par prendre le dessus. L'histoire de tous ces acteurs « est celle — dit l'auteur — des trois quarts des mondains de tous les pays de l'Europe. »

Il faut avouer que, dans ce cas, on n'y allait pas de main morte à cette bienheureuse époque.

On remarque dans *Monrose*, un personnage italien qui pourrait bien avoir servi de modèle à Balzac pour sa Zambinella, dans le petit roman de *Sarrazine*.

Une nouvelle édition de *Monrose* a été faite sans lieu (à Bruxelles) 1792—1871, en 4 vol. in-18, ornée de 20 gravures copiées sur celles attribuées à Quéverdo. Elle est très-bien exécutée. Son prix est de 60 francs.

Elle est sortie également des presses de J. Briard.

On trouve une courte analyse de *Monrose*, dans les *Galanteries du XVIIIme siècle*.

Condamnations. Il existe aussi deux arrêts contre cet ouvrage, prononcés en 1839 et 1852 ; on nous affirme qu'une condamnation concernant *Monrose*, a eu lieu encore au tribunal correctionnel de Lille, à la date du 2 janvier 1872

N.B. *Observation relative à* **Félicia** *et à* **Monrose.**

Les deux romans intitulés : *Félicia* et *Monrose* sont loin, sous le rapport obscène et licencieux, d'être aussi libres que les *Aphrodites* et le *Diable au corps*; le français dans ses mots, n'y brave point l'honnêteté comme dans ces deux derniers ouvrages; on n'y rencontre même pas de ces expressions de « haulte gresse » qui sont du domaine exclusif du *Dictionnaire érotique*. On doit plutôt les considérer comme appartenant au même genre que les « Amours et Aventures de Faublas. » Bien qu'amusants au possible, leur extrême légèreté ne doit point les faire proprement désigner sous le nom d'*érotiques*. Ce qui pourtant n'empêche point que leur lecture ne produise de singuliers effets, si l'on en croit la pièce suivante que nous lisons dans le *Nouveau Parnasse satyrique du XIXe siècle*, sous la signature d'un auteur, légèrement bohême, sans aucun doute :

> « Le chevalier de Nerciat
> « Est un habile pornographe;

« Riche d'esprit et d'ortographe,
« Le chevalier de Nerciat
« Me fait, avec *Félicia*
« B.....er à chaque paragraphe.....
« Le chevalier de Nerciat
« Est un habile pornographe.....»

JULES CHOUX.

On doit faire la même remarque relativement aux *Contes nouveaux* et aux diverses pièces de théâtre par lesquelles nous terminerons cette étude bibliographique.

Le Doctorat Impromptu. S. L., 1788, vol. in-32 (Cazin) de 120 pages, avec 2 figures libres.

Édition originale très-rare.

Ce sont deux lettres adressées par une jeune fille, nommée Erosie, à son amie Juliette et datées de Fontainebleau. En allant rejoindre à la cour, le vieux baron de Roqueval, auquel sa main est promise, Erosie raconte de quelle façon elle a fait la rencontre et la conquête du petit vicomte de Solange, jouvenceau *céleste* qui voyage accompagné de son pédagogue. « Sans m'amuser à prendre mes licences — écrit Erosie — par un fatal concours d'incidents, je me trouvai im-

promptu coiffée du bonnet de docteur, » c'est-à-
dire lancée dans les plus grands excès.

Ce livre n'a ni originalité, ni mérite littéraire ;
c'est une des productions les plus faibles de Nerciat.

Bien que ce volume ne méritât guère la réimpression, il fut cependant l'objet d'une édition
récente, sous la rubrique : Londres, 1788-1866
(Bruxelles, 1866) in-18 de IV-98 pages, avec 2 gravures imitant celles de l'édition originale. Prix :
16 et 24 francs. Les éditeurs furent les associés
Briard, Poulet dit Malassis et Lécrivain.

M. Ch. Monselet, lors de l'analyse qu'il en fait
dans *Les Galanteries du XVIIIme siècle*, dit que
ce roman « est écrit avec légèreté ». C'est aussi
notre appréciation.

Mon Noviciat ou les Joies de Lolotte. Sans
lieu (Berlin), 1792, 2 vol. in-18, avec 2 figures libres.

Édition originale très-rare. C'est un roman
assez lestement écrit et qui se lit facilement. C'est
toujours comme dans *Félicia*, la narration des
lubricités d'une fille de joie. On en trouve une
traduction allemande dans les *Priapische romane* (Romans priapiques). Rom. (Berlin) 1791-
97, 3 vol. in-12, qui furent réimprimés à Leipzig

vers 1810. — *Mon Noviciat* à aussi servi de texte ou de canevas à deux ouvrages anglais : 1° *How to raise love*. London (Amérique) 1848, in-18, fig. — *How to make love*. Sans lieu ni date, in-12, fig.

Un exemplaire de *Mon Noviciat* a été vendu 150 francs, à Paris, en 1860.

Une réimpression de cet ouvrage a eu lieu à Bruxelles, en 1864 (pour 1866) en 2 vol. in-18, avec 2 figures libres, au prix de 30 fr. — Les associés J. Briard, imprimeur, A. Poulet dit Malassis et A. Lécrivain, en furent les éditeurs.

Contes nouveaux. Liége, 1777, petit in-8.

Ces Contes sont en vers et dédiés au prince de Ligne ; ils sont au nombre de douze (plus l'épître, le prologue et trois pièces à la fin) et ne manquent pas d'esprit, mais ils ont le défaut d'être un peu longs.

Un exemplaire a été vendu 13 fr. vente Bolie en 1849. Ce recueil a été réimprimé à Liége (Bruxelles), 1867, in-18, de 4-VIII-120 pages, par les associés Briard et Lécrivain. Il est précédé d'une Notice bibliographique très-écourtée, dont l'auteur est A. Poulet dit Malassis, et orné du portrait gravé de Nerciat. Le prix de cet ouvrage était de 12 francs.

Condamnation. Par jugement du tribunal correctionnel de Lille, du 6 mai 1868, inséré au *Moniteur* du 19 septembre 1868, la destruction de cet ouvrage fut ordonnée et l'éditeur Alphonse Lécrivain, condamné à un an de prison et 1000 fr. d'amende, ainsi qu'un marchand de journaux, nommé Charles Sacré-Duquesne, qui avait introduit cet ouvrage et 57 autres en France par contrebande, et qui par le même jugement fut condamné à un an de prison et 2000 fr. d'amende.

Le Vademecum des f..teurs, par le docteur Cazzoné, membre de l'Académie. Lampsaque, au temple de Priape, 1775, volume in-12, avec un curieux frontispice libre.

Cette plaquette de trente-six pages écrite en vers, est rarissime et n'est même citée dans aucune bibliographie parue jusqu'à ce jour. Ce livre traite *ex professo* de toutes les règles de cet art fameux que l'antiquité avait déifié dans le divin Priape. L'auteur ne se laisse détourner sur aucun point, quelque scabreux qu'il soit; il pousse son voyage jusqu'à Sodome et Gomorrhe, avec la même verve et le même esprit qui règnent si généreusement dans les *Aphrodites* et le *Diable au corps*. Il ne recule devant rien. Aussi est-ce avec raison qu'on attribue cet ouvrage supérieurement écrit et qui est certainement le fait d'un connaisseur émérite dans les matières exposées, au fameux docteur en phallurgie, le célèbre Andréa de Nerciat. Quant à nous, cette paternité ne nous paraît aucunement douteuse.

Une réimpression de ce curieux ouvrage a eu lieu à Bruxelles, en 1871, sous la rubrique ancienne, en un volume in-18, tiré sur papier vergé, avec une copie gravée du frontispice original. Ce livre imprimé à cent-cinquante exemplaires seulement, se vendait 6 et 12 francs.

Un bibliophile nous a assuré qu'il existe aussi une édition de cet ouvrage dans le format in-32 ou in-64, sans figure, mais nous en ignorons la date et la rubrique. Malgré toutes les recherches, il a été dans l'impossibilité d'en rencontrer aucun vestige.

Les Galanteries du jeune chevalier de Faublas ou les Folies parisiennes, par l'auteur de *Félicia*. Paris, 1788, 4 vol. in-12.

Cet ouvrage est une sorte de plagiat des *Amours de Faublas*, dont Louvet venait de faire paraître les sept premières parties, en 1787 et 1788. (Les 6 dernières parurent en 1790).

L'Odalisque, ouvrage érotique, lubrique et comique, traduit du Turc, par un membre extraordinaire de la joyeuse faculté phallo-coïro - pygo - glottonomique. Constantinople, 1787, in-12.

L'on a attribué d'une façon toute fantaisiste la paternité de cet ouvrage à Voltaire, tandis qu'elle appartiendrait en toute certitude au fameux chevalier Andréa de Nerciat. On ne peut, en effet, donner cette impudente attribution à Voltaire, qui n'y est absolument pour rien, et qui n'est pas le seul, d'ailleurs, à qui l'on ait voulu endosser cette production libidineuse. D'après Du Croisy et Barbier, l'auteur de ce roman serait Pigeon de Sainte-Paterne, bibliothécaire de l'abbaye de St-Victor ; M. Ch. Monselet l'attribue à la légère à Mayeur de Saint-Paul ; mais cette opinion est peu admissible ; car en 1779, date de la première édition, Mayeur n'avait que 21 ans, et il était bien jeune pour commettre la supercherie de l'attribuer à Voltaire. Il est vrai que Monselet raisonnait d'après une édition de 1796. Le seul et véritable auteur est bien Andréa de Nerciat.

Le sujet du livre est l'histoire des amours d'un eunuque, qui sans doute n'était pas coupé ras, mais seulement châtré; ce qui est quelque peu contraire aux usages des harems du Grand-Seigneur. Cet eunuque, nommé Zulphicara, aime à la folie (et est payé de retour!) une très-jeune vierge,........ qu'on élève pour la couche du Sultan. La singulière conformation de l'eunuque amène, on le comprend, des scènes amoureuses d'un burlesque impossible, auxquelles la jalousie d'une autre odalisque met une fin comico-tragique.

Voici la nomenclature des éditions successives de cette joyeuse histoire.

La première édition a paru sous le titre suivant : « *L'Odalisque, roman libre, traduit du Turc, par Voltaire.* » Constantinople, 1779, petit in-8 de 85 pages.

La seconde édition est celle de 1787, citée en tête de cet article, dans laquelle Nerciat aurait presque levé le voile qui cachait sa paternité.

Nous avons ensuite deux autres éditions sous les rubriques de : « *Constantinople*, 1796, » in-32 de 75 pages, papier fort; 4 gravures, avec renvois aux pages correspondantes, et «*Paris*, 1797, » in-18 de 108 pages, avec 2 gravures érotiques grossièrement exécutées.

Deux autres réimpressions modernes ont eu lieu à Bruxelles, dont l'une sous la rubrique de : « *Constantinople*, 1797, » est un in-18 de 80 pages. — La seconde parut en 1868 (et non en 1863, comme le dit erronément la *Bibliographie du comte d'I****) sous le titre suivant :

« *L'Odalisque ou Histoire des amours de l'eunuque Zulphicara ; ouvrage traduit du turc par Voltaire.* Constantinople, chez Ibrahim Bectas, imprimeur du grand visir, 1796 ; » in-18 de 94 pages, titre compris.

Cette édition bien imprimée, sur papier vergé, a, sur toutes celles qui l'ont précédée, l'avantage d'être ornée de 4 gravures inédites, qui sont d'un drôlatique plein d'humour. Elle fut imprimée par le sieur J. Briard à Bruxelles, (1) pour le

(1) L'imprimeur Briard a cessé son état en 1872 et l'association Lécrivain et Briard s'est dissoute en 1875. — A propos de cet Alphonse Lécrivain, on nous apprend qu'il a constamment habité la commune d'Ixelles, faubourg de la ville de Bruxelles, où il s'était fait inscrire sur les registres de la population comme « *employé* ». Il faisait — paraît-il — son singulier négoce sous le nom d'une jeune ouvrière, habitant la même maison que lui, et qu'il finit par épou-

compte d'un certain J. F. Deblaesere, que l'on a
vu exercer quantité de métiers : il fut, en effet,
successivement soldat, agent de police, bouqui-
niste, voyageur de commerce, courtier pour les
guanos, marchand de tableaux, directeur de

ser civilement en 1869. — Un bibliophile parisien a
bien voulu nous transmettre dernièrement un catalogue d'ouvrages érotiques, du format in-64, diamant,
qui fut distribué à Paris vers la fin de l'année 1874.
On y trouve au verso de la première page un assez
long « *Avis à Messieurs les Amateurs, Bibliophiles
et Libraires* » qui est bien la pièce la plus bouffonne
et la plus amusante qu'on puisse rencontrer. — On
lisait entr'autres, dans ce curieux « *Avis* » que
« ....dans le but de jeter un voile discret sur le com-
« merce de librairie interlope qui était sa spécialité,
« et sans doute aussi dans la crainte salutaire qu'une
« indécente expulsion ne vint troubler sa douce quié-
« tude, le sieur A. Lécrivain, venait de prendre pour
« homme de paille, un brave petit marchand de jour-
« naux de Bruxelles, belge de nationalité, et que do-
« rénavant c'était ce dernier qui était chargé de la
« vente des produits typographiques de l'ancien asso-
« cié de M. Toubon, etc. » — Et le facétieux auteur
de cet « Avis » le terminait par la célèbre formule
expérimentale : « *Experto crede Roberto !* C'est là
le secret de polichinelle. »

ventes, marchand de légumes, agent d'émigration pour le Kansas (Amérique), racoleur d'hommes pour les Indes Néerlandaises, et enfin agent d'affaires quelconques, métier qu'il exerçait encore en l'an de grâce 1876.

Cette jolie édition s'est vendue au prix de 15 fr.

Une réimpression est également parue en Allemagne, vers 1850? portant le même titre que celui de la deuxième édition, sous la rubrique de : « *Stamboul*, 1787. » Comme tous les ouvrages de ce genre, exécutés en Allemagne, cette édition laisse énormément à désirer sous les rapports de l'impression, du papier et de la correction.

On a aussi reproduit quelque part (Paris?) une partie de ce volume sous le titre suivant : « *Zulphicara, Histoire turque*. Paris, 1797. » in-18 de 33 pages, fig. — Un exemplaire est indiqué dans le catalogue Noël, sous le n° 826.

M. Ch. Monselet a donné dans *les Galanteries du XVIII*me *siècle*, une appréciation de cet ouvrage, qui est loin d'être exacte, et qui ferait assez supposer qu'il n'avait vu que très-superficiellement le livre sur lequel il émet une opinion tout-à-fait erronée.

On ne connaît jusqu'aujourd'hui aucune condamnation intervenue concernant ce charmant petit ouvrage. Il est à supposer qu'il est vierge encore des rigueurs de dame Thémis. Il ne risque, il est vrai, que l'attente.

La Matinée libertine ou les moments bien employés. Cythère, 1787, in-18 de 144 pages, avec trois gravures en couleur, et d'autres fois avec cinq figures libres (un frontispice et les gravures aux pages 37, 42, 94 et 132).

Cet ouvrage, dont il a été fait une réimpression sous la même rubrique (à Bruxelles en 1867) in-18 de 115 pages avec 3 figures libres : Prix : 16 à 24 francs, — a été faussement attribué à Nerciat. Il appartient à Mérard de Saint-Just; ce sont les canevas des scènes de la *Petite maison* de cet auteur, proverbe qui se trouve sous sa forme définitive au tome Ier des *Œuvres de la marquise de Palmarèze*. S. L. N. D. (Kehl. 1789). — La réimpression de la *Matinée* est l'œuvre de feu Jean-Pierre Blanche, (ex-contre-maître de la fabrique de pastilles de M. Collas de Paris,) réfugié français qui avait établi à Bruxelles une petite librairie d'occasion. L'imprimeur est le sieur J. Briard. — Pas de condamnation.

Dorimon ou le marquis de Clarville, comédie en cinq actes et en prose, par le chevalier de Nerciat. Strasbourg, Levrault, 1778.

Cette pièce se trouvait dans la bibliothèque dramatique de Soleinne. Elle est portée au n° 3038 de son catalogue.

Constance ou l'heureuse témérité, comédie en trois actes, mêlée d'ariettes; scènes et musique de M. le chevalier de Nerciat. Cassel, P. O Shanope, 1780, in-12 de 87 pages, y compris les préliminaires.

Nerciat était à cette époque sous-bibliothécaire du Muséum de Cassel. Sa pièce fut représentée devant le landgrave de Hesse.

Elle est inscrite sous le n° 3554 au catalogue Soleinne.

Les amants singuliers, ou le mariage par stratagème, comédie-proverbe, par M. le chevalier de N.....t. Prague, Jean-Ferdinand Le Noble de Schönfeld, 1787.

Les rendez-vous nocturnes, ou l'aventure comique, comédie-proverbe, par le chevalier de N.....t. Prague, J. F. Le Noble de Schönfeld, 1787.

Cette comédie est mentionnée avec la précédente au n° 3015 du catalogue Soleinne, sans indication de format.

L'Urne de Zoroastre, ou la clef de la science des mages; in-8.

Cet ouvrage est cité par Beuchot dans la Biographie universelle de Michaud, et dans la Nouvelle Biographie générale de Didot. Est-ce une pièce de théâtre? est-ce un roman? Aucune bibliographie ne l'indique. Ce livre presqu'inconnu doit être très-rare. Peut-être est-il une satire sur Mesmer ou Cagliostro, très-célèbres à l'époque de Nerciat, par leur charlatanisme et leurs découvertes prétendument scientifiques.

Nous nous rappelons pourtant avoir vu cet ouvrage figurer dans un catalogue publié en mars 1875, par la librairie Th. Sluys, à Bruxelles. Ce bulletin très-curieux a pour titre : « *Catalogue d'une très-belle collection de livres anciens, consacrés aux femmes, à l'amour, au mariage, ouvrages facétieux, satiriques, gaillards, scatalogiques, burlesques, raretés, curiosités, etc.* »

Nous avons rencontré sous le n° 879, *L'Urne de Zoroastre*, coté au prix de 30 francs, avec la qualification de « *rarissime* ». Malheureusement, malgré l'habitude de cet éditeur, de faire suivre le plus souvent, ses livres à prix marqués, d'une excellente notice descriptive et bibliographique, aucune note explicative n'était jointe à l'ouvrage de Nerciat. Force nous est donc aujourd'hui de rester à cet égard, dans notre perplexité, en laissant à d'autres la chance d'être plus heureux que nous.

Nous terminerons ici notre travail sur les intéressantes productions du chevalier de Nerciat, productions qui caractérisent le plus complètement certains côtés de ce XVIIIme siècle, tant aimé par ceux qui le connaissent intimement. — Le tour voluptueux, abondant, parfois un peu précieux du style de l'auteur, le néologisme *vertement* audacieux dont il fait un usage si heureux, le coloris galant de sa touche, s'accordent à ravir avec le ton des figures qu'il excelle à peindre ; aussi réussit-il mieux que par un, à rendre la vie à tous ces grands personnages, femmes et hommes disparus, mais dont l'âme respire encore pour les connaisseurs et les curieux, dans les œuvres vivaces et charmantes de notre joyeux conteur. Les érudits qui ont lu les ouvrages de Nerciat sont tous forcés de convenir qu'ils sont écrits dans un style aussi souple qu'élégant, qui traduit avec une aimable exactitude les mœurs faciles et voluptueuses de la haute société de son siècle, et ajoute ainsi un charme de plus, à l'attrait des descriptions galantes mais véridiques, dont l'auteur est réellement prodigue.

Pour finir, qu'on nous permette aussi d'appli-

quer à notre étude une citation du savant Charles Nodier, le maître à tous : « Voici un recueil sin-
« gulier. Il manquait à l'érudition comme à
« l'ignorance, et le besoin, comme on dit, s'en
« faisait généralement sentir. Quand il prendra
« l'envie à quelque innocent de se déniaiser par
« la lecture d'un ouvrage de Nerciat, il trouvera
« dans cette bibliographie de quoi se renseigner.
« Il n'aura que l'embarras du choix. — D'un
« autre côté, on n'est pas arrivé à un certain
« âge, surtout les gens de lettres, sans avoir fait
« au moins connaissance avec quelques livres
« gaillards. Le goût qui domine aujourd'hui pour
« les monographies, rend curieux outre mesure ;
« et si le personnage dont on écrit l'histoire, a
« cherché son amusement dans la composition
« de quelque roman ou poëme graveleux, *il est*
« *du devoir* de son biographe de les parcourir,
« ne fut-ce que pour ajouter une ombre à son
« portrait. C'est ce qui m'est arrivé plusieurs fois
« à moi-même..... »

Ce qui démontre péremptoirement l'utilité et la nécessité de la *Bibliographie raisonnée des œuvres d'Andréa de Nerciat.*

NOTICE BIBLIOGRAPHIQUE

SUR QUELQUES OUVRAGES PEU CONNUS

Le Parc-aux-Cerfs épiscopal. *A Cythère.*
— **Le Tartufe libertin** *ou le triomphe du vice,
par le marquis de Sade. En Hollande,* 1789. —
La Bulle d'Alexandre VI *traduite de G. Casti,
Paris,* 1802. — **Les Réclusières de Vénus.**
Lutèce, 1750, *etc.* — *Le tout réuni en 1 vol. in-18,
papier vergé, orné de 2 jolies vignettes humo-
ristiques et de 5 gravures inédites; impression
elzévirienne.*   *fr.* 20
  *Le même ouvrage tiré petit in-8, sur grand
papier fort de Hollande.*   *fr.* 40

Le *Parc-aux-Cerfs épiscopal* et le *Tartufe
libertin* sont deux ouvrages d'une première curio-
sité, qui étaient, jusqu'aujourd'hui, aussi rares
que peu connus. Les renseignements erronés et
inexacts qu'on trouve dans la *Bibliographie galante* du comte d'I***, en 6 vol. in-12, dénotent
suffisamment que l'auteur ne connaissait pas le
premier mot au sujet des livres sur lesquels il
émettait ses opinions fantaisistes. Ce qui est d'ailleurs, pour quantité d'articles de cette volumi-
neuse compilation, le moindre des nombreux dé-
fauts reconnus par les bibliophiles érudits.

On peut parfaitement attribuer au fameux marquis de Sade, la paternité du *Tartufe libertin,*
ouvrage extrêmement libre et dont les scènes sin-
gulièrement licencieuses se déroulent au milieu

de la société du siècle dernier. — Aux gens dévots qui feraient mine de s'effaroucher à cause du sujet épineux traité dans cet ouvrage, on pourrait opposer la réponse qu'à propos du *Tartufe* de Molière, le prince de Conty fit à Louis XIV, qui lui manifestait son étonnement du scandale que produisait la pièce incomparable de notre grand auteur comique : « Ces gens-là ne se soucient guère qu'on joue la religion, mais que Molière les joue eux-mêmes, c'est ce qu'ils ne peuvent souffrir ! »

Quant au *Parc aux Cerfs épiscopal*, c'est une composition beaucoup plus moderne, excessivement vive, éminemment ordurière, et dirigée exclusivement contre les archevêques de Paris, depuis Christophe de Beaumont et ses successeurs jusqu'en 1830, ainsi que contre tout le haut clergé parisien. Il ne s'agit là, ni de moines ni de nonnes, ainsi que l'indique faussement la *Bibliographie du comte d'I****, mais d'une espèce de société d'Aphrodites cléricaux. Le récit audacieusement graveleux de ces hauts faits de paillardise ecclésiastique, de ces monstrueuses orgies sacerdotales, commence à partir du milieu du règne de Louis XV et s'étend jusqu'après la révolution de 1830. L'auteur resté inconnu, prétend avoir traduit ces turpitudes d'un ancien manuscrit latin qui était comme le compte-rendu des sessions qui avaient eu lieu dans cet honnête lupanar épiscopal. — Vers 1830 ? un spéculateur audacieux fit paraître une partie de cet ouvrage en 6 lithographies obscènes avec texte explicatif, sous le titre de : *La Tourelle de Saint-Étienne*, qui furent condamnés en 1831. — Plus tard, *Le Parc-aux-Cerfs* fut également condamné par arrêt du 10 février 1852, de la cour d'assises de la Seine.

Passons à la *Bulle d'Alexandre VI*. Elle est passablement graveleuse la bulle de l'honnête Borgia ! Aussi, traduite librement de l'italien, par un spirituel littérateur français, Andrieux, ne fut-elle jamais reproduite, et pour cause, dans les Œuvres complètes de ce grave académicien. C'était, il est vrai une œuvre de jeunesse; et de quelle jeunesse, puisque cette joviale traduction date de 1802 !

Dans cette Bulle aussi singulière que facétieuse, le Saint-Père enjoint aux femmes, de se comporter en certain moment, de façon que leurs maris ou leurs amants ne puissent aucunement douter qu'elles soient parfaitement ....éveillées ! On ne saurait nier que l'observation exacte de la Bulle d'Alexandre VI, ne contribuerait beaucoup à maintenir la bonne harmonie et l'union dans chaque ménage, comme aussi entre les amants et leurs maîtresses. C'est pourquoi cet opuscule doit être vivement recommandé aux dames, auxquelles il est particulièrement adressé.

Nous ne dirons que quelques mots relativement aux *Réclusières de Vénus*. Cette pièce a dû voir le jour à l'époque approximative où la petite comtesse Gourdan avec la célèbre appareilleuse Justine Paris, ouvrirent le fameux lupanar parisien du XVIIIᵉ siècle, si connu sous le nom d'*Hôtel du Roule* et dont ces deux dames furent successivement les abbesses renommées. (1) Cette pièce originale est une espèce de réclame faite par ces dames, dans le but d'offrir leur marchandise féminine aux clients, sous le prétexte moral de les arracher à cet amour socratique, très-commun alors comme aujourd'hui, dans la bonne ville de Paris.

FIN.

(1) Voir l'Histoire des Messalines du temps Paphos, 1784 (1871) p. 10, Bng.

UN OPUSCULE UNIQUE

Le Moutardier spirituelle (sic) qui fait esternuer les ames devotes constipées dans la devotion. avec la *Seringue spirituelle*, du même autheur, etc. *A Cologne, de l'imprimerie de P. Marteau* (sans date) petit in-8, de 4 ff.

Non-seulement on croit cet opuscule *rarissime*, mais il paraîtrait que le savant auteur du *Manuel du libraire*, aurait été le possesseur du seul exemplaire connu de nos jours. C'est pourquoi l'on a cru devoir en donner la réimpression textuelle, bien que J. C. Brunet l'ait qualifié comme un « morceau aussi plat qu'ordurier. » — En vérité, c'est une facétie légèrement polissonne, dont le singulier titre constitue le principal mérite, car, sous ce titre fait à plaisir, cet opuscule renferme « *La successions* (sic) *de Roger Bon-Tems*, par S. M. C. », pièce plus curieuse que précieuse, qui aurait vu le jour, vers le milieu du XVIIIe siècle, et serait l'œuvre d'une imprimerie particulière. Elle s'est trouvée dans un recueil qui a fait partie en 1780, de la vente Lambert. — Un zélé bibliographe parisien nous a fait part du manuscrit de cette pièce introuvable, copié textuellement sur l'exemplaire de feu J. C. Brunet. — L'auteur du *Manuel* est d'avis que le *Moutardier de pénitence*, placé par Rabelais dans son facétieux catalogue de la bibliothèque de l'abbaye de Saint-Victor, aurait bien pu donner à l'auteur l'idée de ce titre bizarre. Quoiqu'il en soit, cette *grosse* facétie est d'un genre tout-à-fait différent de la « *Tabatière spirituelle pour faire esturnuer les âmes devotes vers le Sauveur* », et de « *La Seringue spirituelle pour les âmes constipées en dévotion* », ouvrages également bizarres, dont les titres ont l'air de plaisanteries et qui peut-être n'existent pas. Pourtant, un bibliographe sérieux, Gabriel Peignot, les cité dans la *Notice* de ses ouvrages, (Paris, 1830) et rapporte même un passage virulent emprunté à la fameuse *Seringue*, passage qui n'est qu'une apostrophe aussi violente que peu délicate, adressée aux dames qui font usage de fard.....

LA SUCCESSION DE ROGER BON-TEMS

par S. M. C.

Roger Bon-tems étant un homme qui n'épargnoit rien pour son plaisir ne laissa par conséquent que peu de bien après sa mort.

Avant que d'entrer dans le détail de la succession, il est à propos de dire les noms de ses enfants, quoiqu'il ne soit pas fort séant de les nommer : il laissa deux garçons, dont le cadet s'appelait Trousse Jaquette et l'aîné Baise mon cul.

Quoique frères, ils avoient les manières et l'humeur bien différentes; Trousse Jaquette étoit revesche et bourru, faisant tout mal galamment,

Et Baise mon cul gracieusement.

Trousse Jaquette avait peu d'amis : il ne pouvoit en conserver et les traitant indifferemment,

Et Baise mon cul tendrement.

Trousse Jaquette avoit l'âme fort intéressée et ne rendoit service qu'en vue de quelque bien,

Et Baise mon cul pour rien.

Pour revenir à la succession, elle consistoit à un manteau. Trousse Jaquette en vouloit une partie,

Et Baise mon cul tout entier.

Cette succession quoique très-petite ne laissa pas de les mettre en contestation ; Trousse Jaquette jaloux de posséder le riche héritage, ne voulut point entendre d'accommodement et vouloit finir l'affaire en ennemis,

Et Baise mon cul en amis.

Cependant leurs amis entreprirent de les accommoder ; il fut décidé que Trousse Jaquette porteroit le manteau les fêtes et dimanches,

Et Baise mon cul tous les jours.

Trousse Jaquette parut fort mal satisfait de cette décision, et quoiqu'on lui en fit connoître la justice, il ne s'y soumit qu'avec peine,

Et Baise mon cul avec joye.

Les frères réconciliés non sans peine, on ne songea plus qu'à se divertir ; il se fit une partie de chasse ; ils aperçurent en leur chemin un bois qui leur parut propre pour le gibier, Trousse Jaquette chasse dedans,

Et Baise mon cul à l'entour.

Ils convinrent de faire un pâté de leur chasse ; il y eut difficulté sur la figure : Trousse Jaquette le vouloit long,

Et Baise mon cul tout rond.

Le pâté étant cuit, Trousse Jaquette le trouva maigre,

Et Baise mon cul gros et dodu.

Quoique Trousse Jaquette et les conviés ne le trouvassent pas tel, ils ne laissèrent pas d'en manger goulûment,

Et Baise mon cul honnêtement.

Trousse Jaquette trouva le vin meilleur; pour en goûter plus longtemps le plaisir, il ne buvoit que demi-rasade.

Et Baise mon cul tout plein.

Trousse Jaquette le trouva si bon qu'il avoit toujours le verre en main,

Et Baise mon cul le nez dedans.

Enfin, en buvant chacun en fit l'éloge; les conviés le burent avec plaisir; Trousse Jaquette avec sensualité,

Et Baise mon cul avec dédain.

Trousse Jaquette en ayant pris jusqu'à n'être plus maître de sa raison, il traita les conviés fort cavalièrement,

Et Baise mon cul fort respectueusement.

Trousse Jaquette étoit si saoul qu'il se coucha tout habillé,

Et Baise mon cul tout nud.

Trousse Jaquette dormit fort peu, le vin lui donnant dans la tête, et étant couché sur le bord du lit,

Et Baise mon cul tout au milieu.

Trousse Jaquette incommodé de la débauche, se leva fort tard,

Et Baise mon cul dès le matin.

Il fut question de s'en retourner à la ville; l'aventure se seroit passée au grand contentement de tous, sans un orage qui survint et qui les prit en chemin. Trousse Jaquette ne voulant pas, à l'exemple de son frère, attendre qu'il fût passé, entra dans la ville tout mouillé,

Et Baise mon cul tout essuyé.

TABLE DES MATIÈRES

Hic liber impressus est in civitate londoniensi ad expensas vitalis [illegible] — Anno Domini M.DCCC.LXXVI

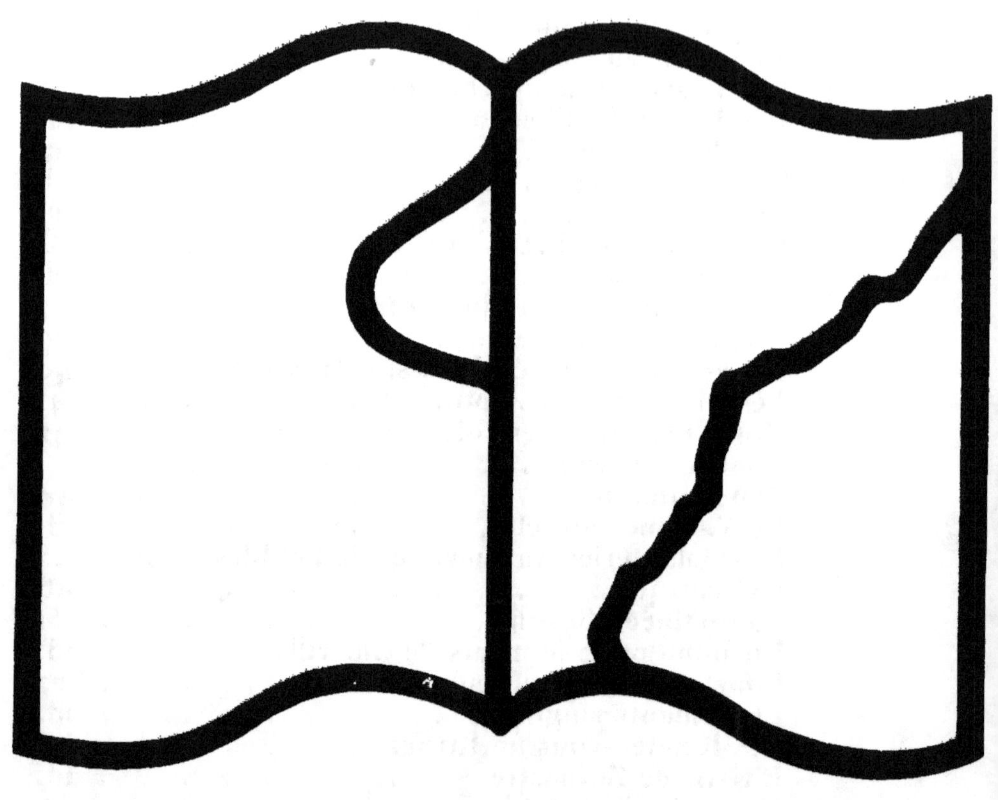

Texte détérioré — reliure défectueuse

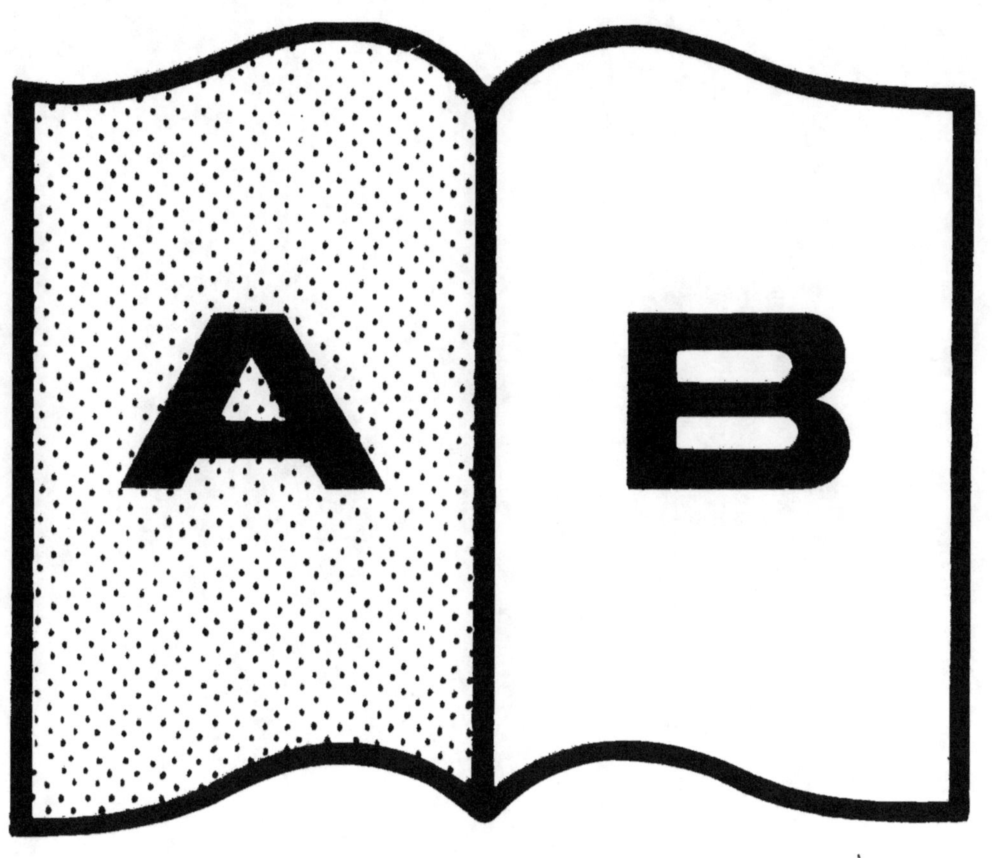

Contraste insuffisant